Karl Rahner

Was heißt Auferstehung?

Karl Rahner

Was heißt Auferstehung?

Meditationen zu
Karfreitag und Ostern

Herausgegeben
von
Albert Raffelt

Herder

Freiburg · Basel · Wien

Alle Rechte vorbehalten – Printed in Germany
© Verlag Herder Freiburg im Breisgau 1985
Herstellung: Freiburger Graphische Betriebe 1985
ISBN 3-451-20382-0

Inhalt

I

Das Ärgernis des Todes

Karfreitag

Jeden Tag sterben unzählig viele. Der Tod ist das Alltäglichste. So kann man sogar bei ihm der Meinung sein, man solle nicht viel Aufhebens davon machen. Ändern lasse sich ja nichts, er sei natürlich unangenehm für den, der ihn erleidet, vorausgesetzt, daß er etwas davon merkt; wenn er gar zu gewaltsam und optisch brutal und massiv kommt, protestiert man natürlich. Im übrigen aber stellt man erleichtert fest, daß man selbst anscheinend noch nicht dran sei und also sei zu Aufregung kein Anlaß. Die großen Staatsmänner, die Militärs und die Ärzte sind erst recht daran gewöhnt und darüber auch nicht sehr bekümmert, da ja von anderen gestorben wird und – vorläufig – nicht von ihnen selbst.

Seltsam: da soll nun heute die ganze Christenheit einen Tod feierlich begehen. Warum eigentlich? Er war gewiß besonders qualvoll und ungerecht. Aber in den Gaskammern von Buchenwald und in den Drecklöchern von Vietnam ist er ja genauso entsetzlich. Was soll also dieser Karfreitag?

Der Karfreitag und unser eigener Tod

Er soll uns zunächst einmal einfach ganz nüchtern an den eigenen Tod erinnern. Nicht weil der Karfreitag nicht zuerst und zuletzt das Gedächtnis des Todes des Herrn und letztlich seines Todes allein wäre. Aber man kann diesen Tod nur wahrhaft verstehen und begehen, wenn man sich selbst als den dem Tod Überantworteten weiß und annimmt. Sonst ist man von vornherein blind und erblickt den Gekreuzigten gar nicht wahrhaftig. Darum müssen wir zuerst unseres eigenen Todes gedenken.

Es ist nun einmal so: wir alle sitzen im Kerker unseres Daseins als zum Tod Verurteilte und warten, bis wir drankommen. Bis dahin kann man Karten spielen, eine Henkersmahlzeit gut finden und für den Augenblick vergessen, daß die Kerkertür bald aufgeht und wir herausgerufen werden zum letzten Gang. Aber vergessen, eben das sollen wir *nicht.* Dem Tier ist sein Tod verborgen oder nur in dumpfer Lebensangst präsent. Wir aber wissen vom Tod und sollten dieses Wissen nicht verdrängen. Wir sollten im Angesicht des Todes leben. Wissen, daß wir einfach in die unerbittliche Einsamkeit des Todes gestoßen werden, wohin keiner mehr mitgeht, das Geschwätz aufhört, keiner sich mehr hinter einem anderen verstecken, keiner sich auf eines anderen Meinung hinausreden kann. Wo nur noch gilt, was man dahinein mitnehmen kann: je ich selber, der ich war im letzten Abgrund des Herzens, des Herzens voll Liebe oder des Herzens voll tückisch vor mir und anderen versteckter Selbstsucht. Nichts nehmen wir in diese Verlassenheit mit als das, was wir in der letzten Grundentscheidung unseres Herzens selber sind. Wir sollen jetzt schon unser Leben, Tag für Tag, auf der Waage des Todes wiegen, so trachten, einmal unseren eigenen Tod sterben zu können; die Gewichtslosigkeit des einen, das wir tun, und das Gewicht des anderen, das wir tun sollten – beides gilt es zu erkennen; die innere Heiterkeit dessen zu lernen, der dem Tod gelassen entgegengehen kann, nicht weil er zynisch verzweifelt ist, sondern weil er bereit ist, das Geheimnis des Todes als Geheimnis unbegreiflichen Sinnes anzunehmen. Wir sollten im Leben den Tod einüben, weil es zwar klar ist, daß man auf jeden Fall den biologischen Exitus fertigbringen wird, nicht aber schon eindeutig ist, daß wir den wahrhaft menschlichen Tod zu sterben vermögen, in dem das Unverfügbare die Mitte der bereiten Freiheit wird.

Am Karfreitag verkünden wir Christen den Tod der Menschen, bis alle gestorben sind, damit alle sterben lernen, weil alle sterben werden.

Trost im Tod des Herrn

Aber wir verkünden am Karfreitag auch den Tod des Einen, des Herrn. Bei einem zuerst haben wir den Mut zu glauben, daß er nicht nur gestorben *wurde*, nicht nur erwürgt wurde von der Absurdität des Daseins, sondern gestorben *ist*, d. h. den Tod zur Tat gemacht hat, die das unbegreiflich Unverfügte annimmt und tut, was erlitten wird. Dieser erste Eine, dem wir im Tod nachfolgen wollen, ist Jesus. Er ist gestorben, wie wir sterben werden: in jener Finsternis, in die er das „Gott, mein Gott, warum hast du mich verlassen?" hineinstöhnte. In seinem Tod war alles, was diesen schrecklich macht, und es war wahrhaft ausgelitten, was in ihm ist: die Qual des Leibes, die brutale Ungerechtigkeit, die ihm zugefügt wird, der Haß der Feinde und ihre lachende Selbstsicherheit, das Scheitern des Lebenswerkes, der Verrat der Freunde und zu aller Entsetzlichkeit doch die Banalität eben des Todes, wie er überall gestorben wird, mit Trauern der anderen, die einem nicht helfen, mit Atemnot und aller Qual, aus der keiner zurückkehrt, mit all dem Nicht-mehr-Können, in dem man aufhört, heroisch zu sein.

Wenn jetzt zu diesem Tod Jesu eben doch noch etwas, ja das Eigentlichste, dazugesagt werden muß, so ist es nicht, um seinen und unseren Tod umzuändern oder umzustilisieren. Nein, so wie er da war und bei uns sein wird, so muß er gestorben werden. So daß wir wirklich verstummen. Mein Gott, warum hast du mich verlassen, wie jeder sagen wird, was immer er im Leben für seinen Gott gehalten hat: ob den wahren Gott oder Geld oder Erfolg oder Wissenschaft oder sozialen Fortschritt oder seine Kinder oder die Lust des Fleisches oder einen anderen Götzen auf dem Altar des Herzens. Diese stürzen herunter, und aus dem schweigenden Tempel des Herzens scheint auch der wahre, der unsagbare Gott gewichen zu sein. Und man scheint verschluckt zu sein von dem dumpfen Schmerz des Leibes allein, bis eben auch das aus ist. Was noch zu Jesu Tod und zu unserem zu sagen ist, will uns diesen Tod nicht ersparen. Und wir brauchen uns nicht einmal besonders anzustrengen, heroischer oder in einer der traditionellen christlichen Stilisierungen zu sterben. Aber es ist eben doch noch etwas zu diesem brutalen und zugleich banalen Tod zu sagen. Nicht weil es tröstlich ist, denn vielleicht tröstet es uns gar nicht sonderlich, tröstet uns darum vielleicht nicht, weil wir eben im Grunde die Sterbenden schon sind und darum grausam ungetröstet sterben müssen. Es muß vielmehr gesagt werden, weil es uns Gott in Jesus, in seinem Leben, in seinem Selbstverständnis, in seinem Tod und in seiner Auferstehung, alles zusammen und in einem, gesagt hat. Was hat er gesagt? Daß in diesem absoluten Nullpunkt unseres Lebens und unserer Erfahrung sich erst das wahre Leben ereignet. Nicht als ob es dahinter in zeitlicher Erstreckung weiterging, sondern weil darin gerade über aller Zeit endgültig wird, was das Eigentliche unseres Lebens ausmacht: die freie Treue der Liebe, die von Gott her kommt, ihn in sich trägt und frei in der Tat des Lebens angenommen und getan werden muß. Nicht als ob der absurde Tod dies von sich selbst her in sich hätte; von sich aus ist er nur die radikalste Frage, die alles in Frage stellt und so uns vor die Entscheidung zwingt, ob wir – selbst gegen unser Gewissen – das Erbärmliche, aber Greifbare unseres Lebens festhalten, solange es nur geht, oder das für uns nutzlose Gewissen mehr respektieren. In dieser Frage des Todes ist die selige Antwort vielmehr schon beschlossen, weil Jesus gestorben ist, oder sagen wir vorsichtiger und genauer: weil in ihm gegeben und glaubwürdig geworden ist, was an seligem Geheimnis der absurde Tod in sich birgt, weil – noch richtiger – Gott unseren Tod erlöst hat, indem er ihn über uns in Jesus Christus dem Gekreuzigten verhängte, in Ihm, in dem Gott selbst unseren Tod als seinen eigenen annahm. Nochmals: der Tod, so wie er wirklich ist, wird uns dadurch nicht abgenommen. Aber man kann ihn sterben, ihn, in dem die Zuversicht vom Sohne kommen kann und in dem noch die unbegreifliche Todesangst Teilnahme an seiner eigenen zu sein vermag. Den Tod Jesu sterben darum viele, die ihn nicht glaubend beim Namen kennen, die sich aber in einer letzten Ergebenheit vom Tode nehmen lassen, ohne dem Dasein zu fluchen. Den Tod Jesu sterben viele, weil man auch im Bruder Tod dem Menschensohn begegnen kann, der sich in seinen Brüdern auch von denen finden läßt, die meinen, ihn nicht zu kennen. Aber der angenommene Tod ist einer seiner Namen. Ach, das Leben des Menschen ist verzweifelt. Wer es nicht wahrhaben will, ist in der ärgsten Verzweiflung.

Es gibt keinen Trost, der uns solche Verzweiflung abnimmt. Aber es gibt das unbe-

greifliche Geheimnis, daß die Verzweiflung
selbst getröstet sein kann, willig gelassen ist
und sich nicht selbst zum letzten der Götzen
des Daseins macht. *Dieser* Trost des Todes
heißt mit dem wahren Namen Jesus von Nazaret. Heute stehen wir Sterbende bei seinem
Sterben und verkünden unseren und seinen
Tod. Bis er kommt in unseren Tod.

2

Verborgener Sieg

Karsamstag

Wir feiern Karfreitag und Ostern, das Sterben und Auferstehen des Menschensohnes, der unser Heil ist. Was zwischen diesen beiden Tagen liegt, der „Karsamstag", bedeutet durchschnittlich nicht viel in unserem religiösen Leben. Aber vielleicht nehmen wir den Worten „Tod" und „Auferstehung" ihr inneres Schwergewicht, wenn wir den Weg vom Karfreitag bis zum Ostermorgen nicht ganz gehen. In drei Schritten soll ein solcher Gang versucht werden.

Die völlige Entzogenheit der Toten

Offenbar sollte der Karsamstag doch seinen Ort haben in unserem Glaubensleben, denn wir bekennen ja im Apostolischen Glaubensbekenntnis jedesmal: Abgestiegen zu der Hölle, besser übersetzt: ins Totenreich. Aber was sagt diese so vertraute Formel, deren Sinn den Inhalt dieses Tages ausmacht?

Sie sagt zuerst: Jesus ist wahrhaftig gestorben, weil in der Sprache der Bibel „wahrhaft sterben" und „hinabsteigen ins Totenreich" dasselbe meinten. Hören wir keine gewichtslose Selbstverständlichkeit aus diesem Satz heraus. Der Sohn Gottes ist wahrhaft gestorben. Er, der Sohn Gottes, der Sündenlose, der Freie, der gewissermaßen allein Selbstverständliche, der nicht schon von der innersten Mitte her, wie wir alle, bereits in Frage Gestellte, Fragwürdige, er hat in Wahrheit diese unbegreifliche Absurdität geteilt, die wir den Tod nennen, in der zum brutalen Vorschein kommt, was wir sind: die in sich selbst Uneinen, Fragwürdigen, die aus tausend ungelösten Fragen in das letzte, umfassende Rätsel des Todes Flüchtenden. Er ist mit uns gestorben; er hat unser letztes Schicksal geteilt.

Abgestiegen ins Totenreich sagt weiter: Jesus ist der wahrhaft Gestorbene, nicht nur ein Sterbender. Aber was sagt denn dieses Gestorbensein, dieses Totsein, das als neue Aussage zu dem Sterben hinzutritt? Wenn wir dies einigermaßen zu sagen versuchen, dann ist es unerheblich, ob die eine oder andere Aussage eigentlich doch zunächst mehr vom Sterben, die andere mehr vom Totsein gilt, denn eine Aussage vom ersten ist wenigstens mittelbar auch eine vom zweiten. Der Gestorbene ist der Abgeschiedene, der Schweigende, der

Ferne. Er ist nicht gegangen, weil er irdendwo anders und in anderer Weise sein wollte. Das zwar auch. Aber er ist dadurch auch in Wahrheit der geworden, der dem entrückt ist, worin allein er ganz er selbst und vollendet sein kann: der Welt, der eigenen Leibhaftigkeit, der Konkretheit seines Lebens. Zwar will er das alles nicht mehr so haben, wie es war, unverklärt und hinfällig. Aber er will darum doch nicht der gespensterhaft Geistige sein. Er mag in dieser seiner Geistigkeit sehr vollendet sein (wenigstens Jesus war es, der in der Tiefe seines Geistes in der absoluten Nähe zu dem unendlichen Gott lebte), aber darum ist ein solcher Geist, fern dieser Welt und seiner Leibhaftigkeit, doch nicht einfach vollendet. Er ist wie ein Same, der zur Fülle von Blüte und Frucht aufwachsen will, wie die Idee eines Künstlers, die nach der anschaulichen Gestalt verlangt, in der allein sie wirklich zu sich selbst kommt. Der Gestorbene und Nochnicht-Auferstandene ist lebendig, aber er ist in einer wesentlichen Dimension seines Wesens wie die bei sich seiende Verwehtheit und antlitzlos gewordene Ferne. Er hat alles, ja alles ist näher und unverstellter da, er ist dem „Herzen" der Welt, dem inneren Kern aller Wirklichkeit näher als je, ja erst jetzt eigentlich nahe, aber dieses Ganze und Nicht-mehr-Trü-

gerische ist doch wie das Entzogene da, ist
doch wieder wie durch eine unsichtbare Wand
getrennt, stumm, so daß der Tote alles daran
erleidet, aber ausgeschlossen ist von der tat-
vollen Möglichkeit, es an sich zu nehmen und
in ihm sich selbst leibhaftig auszudrücken.
Was wir von unserer Seite an den Toten erfahren, eben dasselbe erleben auch sie (wenn
auch das nicht allein) von der andern Seite: alles ist wie von unendlicher Ferne, alles ist da,
aber wie unwirklich geworden, ferngerückt
und wie tot, man ist wie von einer unendlichen Einsamkeit verschluckt, sich selbst über-
lassen und sich selbst zugleich fremd, ausge-
setzt in das Totsein, das man selber ist.

Unser Leben: Anfang des Todes und
Verborgenheit des wahren Lebens

Unser Leben ist mit Christus in Gott verborgen, sagt uns Paulus. Das ist ein Wort, das
zum Karsamstag paßt. Gottes Leben ist in uns,
die maßlose Würde des Menschen und die
unendliche Zukunft sind schon da. Aber sie
sind da, indem sie „verborgen" sind, uns in ge-
heimnisvoller Weise entzogen, da in jener unbegreiflichen Hoffnung, die nicht des noch
ausständig Späteren gedenkt, um sich an das

Wirkliche, das schon ist, zu halten, sondern uns gewissermaßen von uns wegschiebt, so daß das ungreifbar Künftige die Mitte unseres Daseins und so die unfaßliche Gegenwart wird. Diese Situation der Hoffnung wird deutlich am Karsamstag, die Situation zwischen vergehender Gegenwart und erst in Hoffnung gegebener Zukunft.

Tod und Leben sind nun aber nicht einfach unvermischt hintereinander liegende Ereignisse im Leben des Menschen. Sie durchdringen sich. Wir sterben im ganzen Leben, und was wir Tod nennen, ist das Ende eines lebenslangen Sterbens. Und darum erleiden wir dauernd schon den Vorgeschmack jenes Abstieges, den der Herr auf sich genommen hat.

Ist es nicht manchmal, als lege sich zwischen uns und die Dinge eine unendliche Ferne, schweigend und trennend? Werden wir nicht langsam die Abgeschiedenen? Ach, man steigt nicht erst in jenen Augenblicken, die wir Tod nennen, um uns zu verhelen, daß wir ihn jetzt schon sterben, in das Untere ab, wir werden nicht erst in jenem Augenblick in das „Herz" der Welt zurückgenommen, das uns zunächst wie ein finsterer Abgrund vorkommt. Es hat dieser Abstieg, diese Niederfahrt schon immer begonnen. Wenigstens wie in einer leisen Gestimmtheit, die auf dem

Grund des Daseins west. Und darum können wir mit dem Herrn wahrhaft Karsamstag begehen, sein Schicksal jetzt schon teilen. Und – im Glauben wissen, daß sein Karsamstag unseren erlöst und geheiligt hat. Unser Karsamstag von sich allein her wäre nur das lebendige Totsein. Seit er ihn erlitten und ihn erlöst hat, ist er der Tag, der in seinem harrenden Schweigen das ewige Leben birgt. Denn seit Er niedergefahren ist in das Unterste, gibt es keinen Abgrund des Daseins mehr, in den hineingestürzt man nicht das ewige Leben auf seinem Grund finden könnte. Denn also steht geschrieben: der hinabstieg, ist es auch, der über alle Himmel hinaufstieg, um das All zu erfüllen.

Das Leben der Gegenwart entzieht sich, und das nennen wir dann unser Leben. Und das Leben, das voll und ewig gültig ist, ist noch verborgen. Verborgen in jener schweigenden Zukunft, der wir entgegenziehen, die wir „Gott" heißen, so nennen dürfen, wenn das Verlangen der Zukunft, wie es sein soll, maßlos und unbedingt ist. Denn so und nur so wird es Gott gerecht, der als unsere eigene Zukunft uns entgegenkommt. Und darin ist unser Leben in Gott verborgen. Das ist der Schmerz und die Seligkeit unseres Lebens, daß wir leben. Unser Schmerz, unsere Bitterkeit und, sagen wir es ruhig, unsere immer erneute Enttäuschung. Das Leben ist nicht so, wie wir es im tiefsten Grund und in der Mitte unseres Herzens wünschen.

Das Gute, Schöne, Lebendige im Leben blüht immer wieder auf wie eine unendliche Verheißung und stirbt wieder, ohne die Verheißung wahrgemacht zu haben. Und die rufende und lockende Verheißung der ewigen Zukunft verhüllt sich immer wieder unter dem bloßen Schein der Illusion, in der Anfechtung des Glaubens, in der Sorge des Alltags. Es ist Karsamstag ein ganzes Leben lang. Halten wir ihn aus? In redlicher Treue, in nüchterner Geduld? Eben wie eine Zeit, die durchgestanden werden muß? Wie eine Zeit, die keine rechten Feste hat, „liturgiefrei" ist, wie man es vom Karsamstag sagt?

Wenn wir es tun, wenn wir die Gnade der nüchternen Geduld erbeten und erlangen, die mit einem Leben ohne gewaltsam herbeigezwungene Sensationen (bei denen es meist nicht ohne Schuld abgeht) fertig wird, dann wird auch das Karsamstagsleben doch plötzlich – herbeizwingen darf man es aber nicht wollen – von vorösterlicher Freude und Zuversicht erfüllt. Man merkt, daß das selig Ungeheuerliche der Zukunft, des ewigen Ostertages, gleichsam gerade noch den letzten

Augenblick innehält, bevor es als unser wahres Leben in uns herein – besser: aus der Mitte unseres Lebens hervorbricht. Vielleicht ist es auch so, daß das verborgene Leben seine Gegenwart in uns nur kundtut in einer letzten Gelassenheit, in einer Unbesorgtheit, die sich selber nicht begreift. Jedenfalls, es ist da. Es ist noch Karsamstag. Unser Leben ist noch verborgen. Aber es ist verborgen schon da. Seine Verborgenheit bedeutet den Augenblick des Glaubens und der Hoffnung und auch schon der Liebe, die bleibt.

Gegenwart Christi im Harren der Kreatur

Ostern verführt leicht dazu, mit jubelnd schmetternden Posaunen in Wort und Musik die Auferstehung zu preisen. Wenn die Freude des ewigen Sieges des Lebens plötzlich mit heiliger Macht aus dem Herzen des Glaubens hervorbricht, ist gewiß gegen solchen Osterjubel kein Tadel oder Mißtrauen angebracht. Aber denen, die noch pilgern und das auch auf den Wegen des Glaubens, denen, die den Tod und die Vergeblichkeit im Dasein deutlicher schmecken als die Herrlichkeit unzerstörbar ewigen Lebens, ist auch leisere, bescheidenere Osterfreude erlaubt. Sie ist in eigener Art auch denen möglich, die der Alltag müde und die Enttäuschung schwermütig gemacht hat.

Wenn wir Ostern verstehen wollen, müssen wir uns selbst zuerst verstehen, d.h. uns annehmen so, wie wir sind. Wir sind aber die Kinder der Erde, die sterben. Das sind wir gewiß. Und wir haben nach dem Zeugnis unserer Erfahrung und auch nach der Schrift keinen Grund, im letzten Sinn bei der Frage, was mit uns Todgeweihten endgültig sein wird, uns zu spalten und einer Seele ein anderes Geschick zuzudenken als einem Leib. Wir sind Kinder der Erde und so Geist und Freiheit. Dann ist klar, daß wir, so wir eine Endgültigkeit der Freiheit und Verantwortung und Liebe, die wir sind, beanspruchen – und wir müssen dies, wenn wir begriffen haben, was diese Worte bedeuten –, daß wir diese Endgültigkeit als ganze, als leibhaftig-konkrete wollen. Und nochmals ist letztlich die Frage zweitrangig, was an diesem Anspruch Geist ist und was daran Gnade göttlichen Lebens. Wenn so das unzerstörbare Verlangen nach der befreiten und heilen Endgültigkeit des ewigen Lebens für uns, die Einen und Ungeteilten, in uns lebt, dann wissen wir gleichzeitig und brauchen es uns nicht zu verhehlen, daß wir uns diese Endgültigkeit nicht „vorstellen" können, noch weniger, als die Raupe das Leben eines Schmetterlings sich vorstellen kann; dann ist klar, daß die „Verwandlung", die unser ganzes irdisches Leben auch nach der Schrift treffen muß und die bis auf seinen Grund geht, eine Daseinsweise zeitenthobener Endgültigkeit bedeutet, die ausmalen zu wollen sie von vornherein verfehlen hieße.

Wir wissen von ihr nichts, als daß wir sein werden als die Vollendeten und Eingegangenen in den Abgrund des Geheimnisses der Liebe, das wir Gott nennen. Das genügt.

Haben wir uns von der Auferstehung Jesu entfernt, wenn wir an unsere Vollendung denken? Nein, wir haben uns vorbereitet, sie zu verstehen, wobei diese Vorbereitung auf sie freilich auch wieder von ihr selbst herkommt. An ihm wird die unbegreifliche, für sich selbst unbegreifliche Hoffnung unserer Vollendung Glaube. Wir wissen ja, daß er durch das, was wir seine Auferstehung nennen, nicht in unser irdisches Dasein zurückgekehrt ist, sondern in die Vollendung bei Gott hinein sich verwandelt, entzogen hat. Selbst was die Jünger von ihm erfahren haben, war gewissermaßen die notwendige, tröstliche, stärkende Übersetzung seiner eigenen, eigentlichen, unvorstellbaren Vollendung in die Weise, die uns, den Todgeweihten, in Raum und Zeit Verfangenen

gemäß ist, und berechtigt uns nicht, die Vollendung des einen ganzen Menschen uns
handgreiflich auszumalen. Aber wenn wir von
der letzten Sehnsucht unseres innersten Menschen nach seiner Endgültigkeit her mit dem
einfältigen Auge des reinen Herzens auf ihn,
sein Selbstverständnis, seinen Tod und auf die
österliche Erfahrung seiner Jünger von ihm
blicken, dann sind wir zwar nicht gezwungen,
aber ermächtigt und ermutigt zu sagen: Er ist
auferstanden. Wir können es ganz nüchtern
und leise sagen, denn wir sagen nur, was wir
im Grunde doch für uns selbst erwarten, wenn
wir den Menschen ernst nehmen und nicht
meinen, er könne sich vor der Verantwortung
für den ewigen Menschen in ihm drücken, indem er ins Nichts flüchtet. Und umgekehrt:
wenn wir auf Ihn blicken, läßt sich glauben,
daß ein Leben beim Tod im letzten nicht in
den leeren Abgrund der Absurdität fällt, sondern in den Abgrund Gottes. Er ist der erste
der durch den Tod zur Endgültigkeit Gebore-
nen, weil dieser wahrhaftige Mensch das Wort
ist, in dem Gott sich selbst sagt und sich uns
zusagt. Und so wir auch dieses glaubend an
unser Herz nehmen, wird der Satz: Er ist auferstanden, der Inbegriff unseres Glaubens
und Hoffens überhaupt. Dann nämlich sagen
wir: Er ist auferstanden, weil Er die innerste

Mitte allen irdischen Seins im Tod für ewig erobert und erlöst hat. Auferstanden hat Er sie behalten. Und so ist Er geblieben. Wenn wir Ihn bekennen als aufgefahren zu den Himmeln Gottes, so ist das nur ein anderes Wort dafür, daß Er uns die Greifbarkeit seiner verklärten Menschheit eine Weile entzieht, und vor allem dafür, daß kein Abgrund mehr ist zwischen Gott und der Welt.

Christus ist schon inmitten all der armen Dinge dieser Erde, die wir nicht lassen können, weil sie unsere Mutter ist. Er ist im namenlosen Harren aller Kreatur, die, ohne es zu wissen, harrt auf die Teilnahme an der Verklärung seines Leibes. Er ist in der Geschichte der Erde, deren blinder Gang in allen Siegen und allen Abstürzen mit unheimlicher Präzision auf seinen Tag zusteuert, auf den Tag, an dem seine Herrlichkeit, alles verwandelnd, aus ihren eigenen Tiefen brechen wird. Er ist in allen Tränen und in allem Tod der verborgene Jubel und das Leben, das siegt, indem es zu sterben scheint. Er ist im Bettler, dem wir schenken, als der geheime Reichtum, der dem Schenkenden zuteil wird. Er ist in den armseligen Niederlagen seiner Knechte, als der Sieg, der Gottes allein ist. Er ist in unserer Ohnmacht als die Macht, die schwach zu scheinen sich erlauben darf, weil sie unbesiegbar ist. Er ist selbst noch mitten in der Sünde als das bis zum Ende geduldig bereite Erbarmen der ewigen Liebe. Er ist da als die innerste Essenz aller Dinge und das geheimste Gesetz, das noch triumphiert und sich durchsetzt, wenn alle Ordnungen sich aufzulösen scheinen. Er ist bei uns wie das Licht des Tages und die Luft, die wir nicht beachten, wie das geheime Gesetz einer Bewegung, das wir nicht fassen, weil das Stück dieser Bewegung, das wir selbst erleben, zu kurz ist, um daraus die Bewegungsformel abzulesen. Aber Er ist da, das Herz dieser irdischen Welt und das geheime Siegel ihrer ewigen Gültigkeit. Er ist auferstanden. Wer hofft, der spricht in seinem Herzen: Er ist auferstanden.

3

Anfang der Herrlichkeit

Ostern

Wenn jemand die Zündschnur für eine ungeheure Explosion schon angezündet hat, aber
noch auf die Explosion, die mit unheimlicher
Sicherheit eintreten wird, wartet, dann sagt ein
solcher gewiß nicht, das Anzünden der Zündschnur sei ein Ereignis der Vergangenheit.
Der Anfang eines Ereignisses, das noch in seiner Entwicklung begriffen ist, aber unerbitt-
lich und unwiderstehlich seinem Höhepunkt
zusteuert, ist nicht Vergangenheit, sondern
eine Gegenwart, die sogar schon ihre Zukunft
in sich selbst trägt, ist eine Bewegung, die sich
bewahrt, indem sie die Vergangenheit und die
Gegenwart in einer gegenwärtigen, „wirklichen" Einheit zusammenfaßt. Das müßte uns
begreiflich klar sein, wenn wir überhaupt dar-
angehen wollen, etwas Sinnvolles über die
Auferstehung des Herrn zu sagen.

Der Anfang der Vollendung

Ostern ist keine Feier eines vergangenen Ereignisses. Das Alleluja gilt nicht dem, was war. Ostern proklamiert einen *Anfang,* der schon über die fernste Zukunft entschieden hat. Auferstehung sagt: *der Anfang der Herrlichkeit hat schon begonnen.* Und was so begonnen hat, das ist daran, sich zu vollenden! Es dauert lang? Es dauert Jahrtausende, weil es wenigstens dieses kurzen Augenblickes bedarf, damit eine unübersehbare Fülle der Wirklichkeit und der Geschichte sich durch den kurzen Todesschmerz einer ungeheuerlichen Verwandlung (den wir Natur- und Weltgeschichte nennen) zu ihrer herrlichen Vollendung durchzwängen kann. Alles ist in Bewegung. Nichts hat hier eine bleibende Stätte. Allmählich kommen wir (wenigstens in einer ersten Ahnung) dahinter, daß auch die Natur ihre einbahnige Geschichte hat, daß sie am Laufen ist, daß sie sich aus sich heraus entwickelt, in der Zeit entfaltet und in unbegreiflicher Selbstüberbietung, hinter der die schöpferische Macht Gottes steht, immer höhere Stufen der Wirklichkeit erreicht. Allmählich ahnen wir, daß auch die Menschheitsgeschichte ihre gezielte Bahn hat und nicht nur die ewige Wiederkehr desselben unter der Sonne ist, daß die Völker in bestimmter Rei-

henfolge aufgerufen werden, ihre bestimmte
geschichtliche Sendung haben; daß die Ge-
samtgeschichte ihre Gestalt und ihre Richtung
hat, die unumkehrbar ist.

Die Zeit der Geschichte

Aber wohin geht das Ganze dieser Bewegung
in Natur, Geschichte und Geist? Läuft alles
doch auf einen Absturz zu, dem Sinnlosen
und dem Nichts entgegen? Läuft man, um sich
zu verlaufen? Geschieht letztlich doch nur die
Demonstration der Leere und Hohlheit aller
Dinge, die sich im Laufe der Natur- und Weltgeschichte demaskieren, so daß alle Komö-
dien und Tragödien dieser Geschichte nur
Theater sind, das man nur so lange in einer Illusion ernst nehmen kann, als sie noch dauern
und noch nicht zu Ende gespielt sind?

Wie weit ist diese Geschichte schon fortge-
schritten? Ist der Sinn dieser Geschichte in diesem Spiel von unendlicher Weite schon her-
ausgekommen? Ist das letzte, alles entschei-
dende Stichwort schon gefallen, das allem
Früheren seinen Sinn gab und den Ausgang
des ganzes Stückes eindeutig in sich trägt?

Wir Christen sagen, daß diese ganze Natur-
und Menschheitsgeschichte einen Sinn hat, ei-

nen alles umfassenden Sinn, der nicht mehr gemischt ist mit Unsinn und Finsternis, sondern die un-endliche, alle Möglichkeit und Herrlichkeit in einem umfassende Wirklichkeit und Einheit ist, die wir – indem wir so nach dem absoluten Sinn rufen – Gott nennen. Er ist, so wie er in sich selbst ist, der Endpunkt der Geschichte überhaupt. Er selbst ist am Kommen. Zu ihm fließen alle Wasser unseres Wandels hin; sie versinken nicht in der Bodenlosigkeit des Nichts und der Sinnlosigkeit. Aber wenn wir dies sagen, wenn wir die Unendlichkeit als den Sinn des Endlichen, die Ewigkeit als den Sinn der Zeit und Gott selbst als den Inhalt seiner Kreatur (aus Gnade) erklären, dann reden wir nicht bloß von einem fernen Ideal, von dem wir als noch gänzlich unverwirklichtem vage hoffen, es möge einmal eintreten, das aber vorläufig und für unabsehbare Zeit noch fern, nur eine *gedachte* Zukunft wäre.

Die Wirklichkeit des Kommenden

Nein, wir sagen „Ostern", Auferstehung. Und das heißt: es hat schon begonnen, die endgültige Zukunft hat schon angefangen. Die Verklärung der Welt ist kein Ideal und kein

Postulat, sondern eine *Wirklichkeit.* Die Natur-
geschichte mit allen Entwicklungen und
Selbstübersteigungen ist – wenn vorläufig
auch erst mit dem ersten Beispiel – schon auf
ihrem unüberbietbaren Gipfel angelangt: die
materielle Wirklichkeit, die, ganz verklärt, der
herrliche Leib Gottes in Ewigkeit ist. Die un-
geheuerlichste und endgültige Selbstüberstei-
gung der materiellen Welt (in der gnadenhaf-
ten Kraft Gottes allein natürlich) ist schon
geschehen: Sie hat sich selbst in die Unendlichkeit der Geistigkeit Gottes hinein über-
sprungen und in dem Fall nach oben in die
unermeßliche Glut Gottes nicht aufgelöst, sie
ist geblieben und endgültig verklärt.

Wenn wir es recht bedächten, müßten wir
Christen eigentlich sagen, daß wir, nicht die
andern, die radikalsten Materialisten sind,
denn wir sagen, daß die reine, wirklichkeits-
volle Selbstaussage Gottes (das göttliche
„Wort" Gottes) in *alle* Ewigkeit einen wahrhaf-
tigen Leib hat. Die Menschheitsgeschichte (so
sagen wir, wenn wir Ostern feiern) ist in einem, nein *dem* Vertreter dieser ganzen Geschichte (in ihm und durch ihn auch für die
anderen) schon bei ihrem Ende angelangt,
dort, wo nicht mehr bloß Geist und verklärte
Seele, sondern der ganze Mensch, der diese
seine Geschichte tat und litt, vollendet ange-

kommen ist, alles noch da, nichts vergangen und alles als sinnvoll und herrlich enthüllt ist. Dieses Ende, das der Anfang der Vollendung von allem ist, ist eingetreten und hat sich der noch in der Geschichte laufenden Menschheit gezeigt, so wie die Spitze des Zuges, die am Ziel ist, mit Jubelrufen den noch Marschierenden zurückwinkt: Wir sind angekommen, das Ziel ist gefunden, es *ist* so, wie wir bisher gehofft hatten.

Die Stelle, wo solcher Anfang des vollendeten Endes erschienen ist, heißt *Jesus von Nazaret, der Gekreuzigte und Auferstandene.* Weil sein Grab leer ist, weil er, der tot war, sich als der Lebendige in der einen Ganzheit seiner konkreten Menschheit erwiesen hat, darum wissen wir: Es hat alles schon wirklich begonnen, gut zu werden. Es ist noch ungefähr alles unterwegs. Aber unterwegs zu einem Ziel, das nicht ein utopisches Ideal, sondern eine schon daseiende Wirklichkeit ist.

Ich glaube an die Auferstehung ...

Der Mensch gibt gern halbe Antworten. Er flüchtet gern dorthin, wo man sich nicht eindeutig entscheiden muß. Das ist erklärlich: Wir sind unterwegs, also in einer Verfassung,

wo alles – Sinn und Unsinn, Tod und Leben –
noch durcheinandergemischt alles unfertig
und halb ist. Aber so kann es nicht bleiben. Es
geht weiter. Und das Ende kann nicht anders
sein als die deutliche Eindeutigkeit. Und
darum zwingt uns die Wirklichkeit, ob wir
wollen oder nicht, zu einer eindeutigen Antwort, die wir durch unser Leben geben. Und
so sind wir gefragt: Tod *oder* Leben? Sinn *oder*
Unsinn? Sind wir gefragt: Ideale, die nebelhaft
unverbindlich sind, *oder* wirkliche Tatsachen?
Wenn wir glaubend und handelnd uns eindeutig entscheiden zum Sinn und Leben, und
zwar als Tatsache, wenn wir Leben und Tod
als bloße *Ideale* für zu wenig finden, wenn wir
Leben und Sinn als Tatsache ganz und nicht
halb, in maßloser Größe und Weite bejahen,
dann haben wir (ob wir es wissen oder nicht)
Ostern gesagt. Und weil wir Christen es wissen, weil die Wirklichkeit von Ostern nicht
nur die geheime Essenz im Grunde unseres
Daseins, sondern die mit Namen genannte,
ausdrücklich bekannte Wahrheit und Wirklichkeit unseres Glaubens ist, darum sagen
wir mit dem Feste von Ostern, indem wir die
ganze Natur- und Weltgeschichte in eine
Feier, die im Kult das Gefeierte selbst hat, ein-
fangen und über alles, was drinnen ist, das
letzte Wort sprechen: Ich glaube die Auferste-

hung des Fleisches und das ewige Leben. Ich glaube, daß der Anfang der Herrlichkeit von allem schon über uns gekommen ist, daß wir (die scheinbar so Verlorenen und Verirrten, die Suchenden und Fernen) von der unendlichen Seligkeit schon umfaßt sind. Denn das Ende hat schon begonnen. Und es ist Herrlichkeit.

4

Unser Osterglaube

Warum sind wir oft so feige und resigniert? Warum kämpfen wir oft, als ob wir die heimlich eingestandene Niederlage nur äußerlich noch hinauszögern wollten? Warum opfern wir im Dienste Christi nur kümmerlich so ein paar Pfennige, als ob es uns doch zu unsicher wäre, das ganze Leben, alle Kraft und den letzten Tropfen des Herzblutes daranzuwagen? Ist Christus von den Toten auferstanden oder ist er es nicht?

Der Auferstandene – das Herz der Welt

Wir glauben an seine Auferstehung! Ist das wahr? Glauben wir, was darin beschlossen ist:

Er ist der Lebendige. Er ist der Sieger über Sünde und Tod. Er ist nicht der, der in den Himmel aufgefahren ist, um aus der Weltgeschichte zu verschwinden, als ob Er nie darin gewesen wäre. Er ist in den Himmel aufgefahren, nachdem Er in die letzte Tiefe der Sünde, des Todes und der verlorenen Welt hinabgestiegen war und aus diesem Schlund, der alles behält, lebendig herauskam. Mehr: dort, in der letzten Verlorenheit, aus der alle Lasterhaftigkeit quillt, aller Tränenbäche ihren Ursprung haben, wo allen Hasses und aller Selbstsucht letzte Quelle liegt, dort hat Er gesiegt. Gesiegt nicht dadurch, daß Er diese Welt von sich stieß und ihrer sich entrang, sondern dadurch, daß Er, sich selbst verlierend, in sie eindrang, sondern in ihre innerste Mitte, aus der ihr ganzes Schicksal quillt, diese Mitte einnahm und für ewig annahm. Und so hat Er die Welt schon verwandelt. Besiegt, indem Er sie wandelte. Indem Er das *Herz der Welt* wurde, ihre letzte Entelechie, ihre geheimste und innerste Kraft. Er ist darum in seiner Auferstehung nicht von uns gegangen. Darin ist Er erst eigentlich gekommen, um bei uns zu bleiben alle Tage. Seine Gestalt sehen wir nicht mehr. Sie blitzte gleichsam nur kurz auf, um uns zu zeigen, daß Er jetzt für immer bei uns ist. Nicht hier und jetzt, „im Fleische", sondern im Geist, überall also und bis zum letzten der Tage. Bei uns mit seinem göttlichen Geist, der der geheime Geist der Welt geworden ist, seit dem Tod und der Auferstehung Christi untrennbar mit ihr verbunden, nie mehr von ihr weichend, weil *Er* untrennbar verbunden ist mit jenem Stück der Welt, das wir die verklärte Menschheit Christi nennen, die selber durch Tod und Auferstehung „offen" geworden ist auf das Ganze der Welt. Christus in seinem Geist sitzt schon mitten in allen Dingen als ihr eigentliches und wahres Wesen und Herz: in dem Harren aller Kreatur auf die Teilnahme an der Verklärung des Leibes Christi, in den Tränen als der geheime Jubel, im Bettler, dem wir schenken, als der ewige Reichtum, der uns zuteil wird, in der Ohnmacht als die Kraft Gottes, in der „Torheit des Kreuzes" als die Weisheit, im Tod als das Leben, dem kein Tod mehr droht, in den armseligen Niederlagen seiner Knechte als der Sieg, der Gottes allein ist, selbst mitten in der Sünde als das bis zum Ende bereite Erbarmen der ewigen Liebe. Er ist noch in der Gleichgültigkeit und Unempfänglichkeit der Vielen für unsere Botschaft, um dadurch uns, seine unnützen Knechte, zu züchtigen für unsere eigene Lauheit, oder um uns teilnehmen zu lassen an seinem Mißerfolg, durch den Er die Welt erlöst hat. Er ist bei uns wie das Licht des Tages und die Luft, dir wir nicht beachten, wie das geheime Gesetz einer Bewegung, das wir nicht recht fassen, weil wir ein zu kleines Stück nur dieser Bewegung, in sie mithineingenommen, erleben. Er ist da als die dieser Welt innerste Struktur, die noch triumphiert und sich durch-

setzt, wenn alle Ordnungen der Welt sich aufzulösen scheinen. Er ist bei uns, die wir seine
Auferstehung künden: in unserem Wort,
selbst wenn es sogar uns selbst leer und ble-
chern klingt, in unserem Segen, selbst wenn er
nur mühsam und dürr uns aus dem Munde
kommt, in unseren Sakramenten, selbst wenn
sie keine Kraft mehr in sich zu bergen *scheinen*.
Wenn man uns, seinen Boten, die Türen
schließt, Ihm kann man sie nicht versperren.
Er steigt in alle Herzen, um sie mit dem Hunger nach Gerechtigkeit und Liebe, mit der
Sehnsucht nach dem Leben und der Wahrheit
immer aufs neue zu beunruhigen, mit dem
Hunger und der Sehnsucht, die ihm gehören,
weil Er die Liebe und Gerechtigkeit, das Leben
und die Wahrheit ist. Er ist die ewige Unruhe
dieser Welt geworden. Und wo diese Welt
sich in ein ungeheuerliches Chaos zu verwandeln, wo alle Dämme zu brechen scheinen, da
ist dieser Schein in Wahrheit doch nur ein Zeichen, daß Er mitten in diesem aufbrechenden
Vulkan ist und daß sein Tag nahe ist. Er ist im
Schiff der Zeit und steht zugleich am Ufer der
Ewigkeit. Der Sturm, der das Schiff zu ver-
schlingen droht, ist nur das Zeichen, daß Er
sich jetzt erheben will – „und es entstand eine
große Stille" – oder daß das Schiff vom Sturm
der Zeit sanft auf das Ufer der Ewigkeit geho-

ben wird. In jedem Jahrhundert erklärt die
Welt, daß das Reich Christi nun endgültig an
Altersschwäche zugrundegegangen sei und
man nun ruhig zur Tagesordnung übergehen
könne, und doch bricht immer wieder der Par-
oxysmus der Wut dieser selben Welt gegen
diesen Christus los als das Zeichen (das die
Blinden nicht sehen), daß Er noch immer in
dieser Welt lebt.

Er ist auferstanden. Und die *Welt* mit Ihm.
Schon ist sie mit Ihm verwandelt und bald –
rasch und immer rascher – wird auch das
blöde Fleisch merken, was schon geschehen
ist. *Uns* nur dauert der Augenblick zwischen
ihrer Wandlung und dem Offenkundigwer-
den dieser Wandlung lange und bitter. Wir
nennen diesen Augenblick die Weltgeschichte
seit Christus oder unser Leben. Wir führen
uns auf, wie die Jünger zwischen Karfreitag
und Ostern: „... wir aber hatten gehofft..."
Ach, wir hoffen noch, wo doch schon geschah,
was wir erhoffen. Wir warten noch zitternd
den Ausgang des Kampfes ab, wo doch in
Wirklichkeit – wenn wir die Augen des Glaubens hätten – schon diesen Augen sichtbar der
Triumphzug sich formiert, in dem Natur und
Geschichte als Sieg Christi in das ewige Reich
des Vaters einziehen sollen. Wir jammern,
wenn sein harter Griff uns packt und auch uns

durch das dunkle und enge Tor seines Leidens hineinreißt in das Land des Lichtes und der unendlichen Weite seines Vaters. Wir jammern und unser Jammer überführt uns, daß wir in die trübe Dämmerung unserer Erde mehr Vertrauen haben als in das Licht des Auferstandenen. Er aber fragt nicht nach unserem ärmlichen Winseln. Er nimmt uns mit: Wenn es geschehen sein wird, was schon geschah, werdet auch ihr es begreifen!

Jesu Auferstehung und mein Glaube

Ist der Auferstandene auch in die harrende Vorhölle *meines Herzens* hinabgestiegen, um auch da die Erlösung zu verkünden, auch da alles zu verwandeln? Wenn ich den ganzen, den alles andere bezwingenden Osterglauben hätte! Dann würde ich spüren, daß ich gar nicht falle, wenn ich die krampfhaft gewaltsame innere Angst um mich und den Erfolg meiner Sendung aufgäbe, gar nicht verzweifelt bin, wenn ich endlich verzweifelt wäre an mir und meiner Kraft. Dann würde ich plötzlich – wie durch ein Wunder, das täglich neu geschehen muß – merken, daß Er bei mir ist. Er, der Auferstandene. Dann würde ich innewerden, daß ich Ihn gar nicht erst im Himmel suchen

47

muß, weil Er in mir lebt und Er in mir seinen Heimgang zum Vater lebt. Dann würde ich erfahren, daß *ich* nicht genug lebe (obwohl ich es könnte) aus der schon gewandelten Mitte meines Herzens, daß *ich* – nicht Er – mir ferne bin. *Wenn ich den ganzen Osterglauben hätte!*

Warum sollte ich ihn nicht haben? Ich habe ihn, denn Seine Gnade ist in mir, weil ich getauft und geweiht bin. In der Taufe bin ich mit Ihm gestorben und auferstanden. In der Weihe habe ich Seinen Geist empfangen, um den Sieg der Ostern in Wort und Tat auszustrahlen in Seine Welt. Ich will mich darum aufmachen, diesen Glauben zu leben. Ich will mir täglich von Paulus (2 Tim 2, 8–11) sagen lassen: „Denke daran: Jesus Christus ist von den Toten auferweckt worden, der Sproß Davids; so lehrt es mein Evangelium, um dessentwillen ich mißhandelt und gar in Fesseln geschlagen werde wie ein Verbrecher – aber Gottes Wort ist nicht gefesselt. Darum ertrage ich alles um der Auserwählten willen, damit auch sie das Heil in Jesus Christus erlangen in ewiger Herrlichkeit. Getreu ist das Wort: Wenn wir mit ihm gestorben sind, werden wir auch mit ihm leben."

5

Der Tod als Vollendung

Ein Gespräch

Der Tod hat den Menschen zu allen Zeiten bewegt und die Frage nach Ursprung. Ursache und Sinn menschlichen Sterbens offengehalten. Jeder Mensch ist irgendwann in seinem Leben um eine Antwort auf die alte Frage besorgt: Was ist der Tod? Wie soll man und wie kann man über den Tod angemessen reden?

Mit dem Tod ist zunächst einmal alles aus. Das Leben ist vorbei, es kommt nicht wieder. Es wird einem nicht ein zweites Mal geschenkt. Der Tod ist für den Christen das Ereignis der Vollendung seines einmaligen Lebens.

Nun glaube ich, daß alle ernsthaften und vernünftigen Menschen, auch die Anhänger eines Seelenwanderungsglaubens im Fernen Osten, der Überzeugung sein werden, daß es Aufgabe des Menschen sei, dem Rad von Geburt und Tod zu entrinnen und die eigene Freiheitsgeschichte in eine letzte und ewige Vollendung hinein zu vollenden.

Ich kann durchaus denken, daß sich dieses Gelingen bei jedem Menschen in dem einen

Leben, das ihm gegeben ist, ereignen kann. Überall, wo in einem Menschenleben Freiheit, das heißt Entscheidung radikaler Art, denkbar ist, ist auch Vollendung möglich.

Sie als Theologe werden doch sicher der Meinung sein, daß sich eine verantwortliche Rede vom Tod nur und allemal im Horizont verantwortlicher Rede von Gott vollzieht. Es bedarf also, um vom Tod angemessen reden zu können, eines Wortes, das wir uns nicht selber zu sagen vermögen. Ist es das Evangelium, und zwar als „Wort vom Kreuz" (1 Kor 1, 18), das unsere Rede vom Tod erst sachgemäß macht?

Letztlich würde ich diese Frage bejahen. Nur muß man zunächst davon ausgehen, daß es unzählige Menschen gibt, die mit einer ausdrücklichen Interpretation des Todes durch die biblische Offenbarung nicht konfrontiert sind. Wir Christen sind trotzdem davon überzeugt, daß im Bestehen des Todes all diesen Menschen die letzte Möglichkeit gegeben ist, sich für oder gegen Gott zu entscheiden.

Dort, wo der Mensch in einer letzten und definitiven Weise über sich selber verfügt, und zwar auf Endgültigkeit hin, nimmt er den letzten tragenden Grund seiner Existenz an, nämlich Gott, oder er bekennt sich zu einer letzten Absurdität und Nichtigkeit des menschlichen Lebens.

Weil der Tod das Ereignis einer letzten, totalen Selbstinterpretation des Menschen nach der einen oder anderen Seite hin ist, hat er mit Gott zu tun. Gott ist das Wort, das den umfassenden, tragenden, alles bedingenden Grund der menschlichen Existenz in ihrer Unbegrenztheit und Uferlosigkeit bedeutet.

Der Tod erscheint im biblischen Verständnis in einer spezifischen Affinität zu der Schuld, mit der der Mensch im Laufe seines Lebens sich belastet. Sie selbst sagten einmal: „Der Tod ist die Sichtbarkeit der Schuld"...

Sie berühren hier ein außerordentlich schwieriges Thema der christlichen Offenbarung: Sicher gibt es in der Bibel die Lehre eines Zusammenhangs zwischen Schuld und Tod. Diese Lehre ist aber für uns Heutige nicht so ohne weiteres verständlich, weil wir auf der einen Seite das biologische Ableben als ein Phänomen erkannt haben, das ja längst vor der menschlichen Schuldgeschichte gegeben war, und weil wir anderseits es uns nicht vorstellen können, daß der Mensch ohne Schuld dauernd und immer gelebt haben sollte.

Ich meine, wir dürfen ruhig sagen: Der Tod als die Vollendung der Freiheitsgeschichte als solcher ist ein Vorgang, der unablässig und im voraus zur Schuld schon gegeben ist. Wo Geschichte ist, will sie selber ein Ende haben. Freiheit und Vollendung gehören zusammen. Eine Vollendung, die sich, indem sie sich vollzieht, nicht selber besitzt und nicht selber kontrollieren kann, sondern als eine Vollendung in die Unbegreiflichkeit eines göttlichen Gerichtes hinein geschieht, ein solcher Tod hat etwas mit Schuld zu tun. Die Finsternis ist ein Anzeichen der Schuldverfaßtheit des Menschen.

Ob diese Schuldverfaßtheit nun die seiner persönlichen Schuld oder die Folge einer Schuld am Anfang der Menschheitsgeschichte ist oder ob beides gegeben ist, das ist ja noch einmal eine andere Frage.

Der Tod erscheint aber auch eine versöhnliche Dimension zu haben. Schelling spricht vom Tod als einer „essentification". Bloch von einer „Verwesentlichung". Diese Denker haben ein Verständnis des Todes entwickelt, das diesen geradezu als letzten und eigentlichen Akt menschlicher Selbstverwirklichung begreift. Sie selbst haben den Tod als die das eigene Leben vollendende Tat des Menschen, ja als „die Tat des Wollens schlechthin", bezeichnet.

Die Großartigkeit einer derartigen menschlichen Daseinsinterpretation läßt sich nur verteidigen unter der Voraussetzung, daß das alles gesehen wird als Setzung und Verfügung des Schöpfers. Dort, wo man in einem Schellingschen Idealismus oder Blochschen Optimismus meint, der Tod müsse automatisch der Anfang einer seligen Endgültigkeit des Menschen sein, wird der Christ sagen: Ja, das hoffe ich von mir, aber der, der mich richtet, ist Gott. Der Christ wird auf den Tod als die ewige Vollendung hoffen, er fürchtet aber gleichzeitig in Demut die Möglichkeit, daß sein Ende wirklich das Ende einer wirklichen Verlorenheit sein könnte. Der Mensch ist so zwischen Heilssorge und Heilshoffnung ausgespannt, und diese Ausgespanntheit ist die letzte Triebfeder seiner Geschichte.

Der christliche Glaube steht und fällt mit dem Bekenntnis, daß im Tod Jesu mit dem Tod selber etwas geschehen ist. Der christliche Glaube verkündet einen neuen Anfang aus dem vernichtenden Nichts des Todes als Auferstehung von den Toten. Was ist, Pater Rahner, der eigentliche Inhalt dessen, was die Bibel mit der Chiffre von der Auferstehung der Toten den Menschen als ihre Hoffnung ankündigen will?

Da wird man zunächst einmal nüchtern sagen müssen, daß die Interpretation des Wortes Auferstehung nicht hundertprozentig einheitlich in allen christlichen Jahrhunderten und allen theologischen Schulen war.

Dort, wo man zunächst einmal bis in die

modernen Zeiten der Aufklärung hinein einen fundamentalen, massiven Unterschied zwischen Leib und Seele so denkt, daß man an und für sich kein Problem hat, das Schicksal der sogenannten unsterblichen Seele völlig unabhängig vom Schicksal des Leibes zu denken, wird man natürlich einen Begriff der Auferstehung haben, der sich auf die Leibhaftigkeit des Menschen ausschließlich bezieht.

Wo man umgekehrt mit einer neueren, etwas weniger platonisierend arbeitenden Anthropologie moderner Art das Verhältnis von Leib und Seele enger denkt, da wird man zwar als Christ nicht bestreiten, daß es einen Unterschied gibt zwischen dem, was wir Leib, und dem, was wir Seele nennen. Man wird ferner nicht bestreiten, daß einiges über die Endgültigkeit dieser „Seele" genannten Wirklichkeit des Menschen gesagt werden kann, was im selben Sinn nicht einfach von der Endgültigkeit des menschlichen „Leibes" gesagt werden kann.

Aber man wird eben doch auf der anderen Seite „Auferstehung des Fleisches" mit seiner Tradition vom Alten Testament her eigentlich mehr als Stichwort für die endgültige Gerettetheit des einen und ganzen Menschen verstehen, wobei eben dann die Voraussetzung ist, daß diese Endgültigkeit des einen und ganzen

Menschen, das, was wir seine Leibhaftigkeit nennen, nicht von vornherein mißverstanden werden darf als eine bloße Seligkeit und Vollendung einer leibfrei gewordenen Seele.

Wir können heute als Christen, ohne irgendwelche dogmatischen Schwierigkeiten zu bekommen, auf der einen Seite sehen, daß der Mensch als der Eine, Konkrete, Leibhaftige letztlich doch nur ein Schicksal und eine Vollendung haben und daß diese eine totale Vollendung des einen, auch leibhaftigen Menschen „Auferstehung der Toten" genannt werden kann.

Nachwort

Die hier vorliegenden Meditationen Karl Rahners über Tod und Auferstehung schließen die Reihe ähnlicher Texte zu den Hochfesten des christlichen Glaubens: „Gott ist Mensch geworden" (1975) und „Die Gabe der Weihnacht" (1980), „Worte vom Kreuz" (1980), „Erfahrung des Geistes" (1977, alle Freiburg i. Br.: Herder). – Der pastorale Impuls, von dem Karl Rahners Theologie bestimmt war, hat ihn zeitlebens in Predigten und Vorträgen zu einer Auslegung des Glaubens anhand der Feste des Kirchenjahrs geführt (vgl. vor allem „Kleines Kirchenjahr", München: ars sacra, 1954; „Biblische Predigten", Freiburg i. Br.: Herder, 1965, und die Sammlung „Meditationen zum Kirchenjahr", Leipzig: Benno-Verlag, 1967).

Die Texte dieses Bändchens stammen aus einem großen Zeitraum. Die ersten beiden wurden 1966 auf Schallplatte gesprochen und sind in die Sammlung der wissenschaftlichen Schriften Karl Rahners aufgenommen worden; der dritte Text ist eine Osterbetrachtung aus dem Jahre 1965; er wurde dann in einem bereits länger vergriffenen Taschenbuch wiederabgedruckt. Aus dem Jahre 1947 stammt die Betrachtung „Unser Osterglaube", während das abschließende Gespräch in den letzten Lebensjahren Karl Rahners aufgezeichnet wurde.

Fragt man sich, warum diese verschiedenen Texte uns noch anzusprechen vermögen, so ist zunächst zu sagen, daß sie von einer Beschreibung der menschlichen Situation ausgehen, die nüchtern und ehrlich ist und dabei doch die dramatische Spannung zum Ausdruck bringt, die der menschlichen Existenz angesichts des Todes eigen ist. Die Rede von Tod und Auferstehung Jesu wird diesem existentiellen Panorama nicht äußerlich entgegengestellt. Sie wird vielmehr mit diesen Erfahrungen konfrontiert und ihre Sinnhaftigkeit gerade im Rahmen von Widersinn, Leid, Tod und Hoffnung auf Vollendung lokalisiert. Es ist dabei ein Kennzeichen für diese Meditationen, daß sie eine wirkliche Vermittlung der Geheimnisse des christlichen Glaubens mit den Fragen der menschlichen Existenz leisten und nicht bei einem vorsichtigen Agnostizismus stehen bleiben, der die Grenzen menschlicher Erkenntnis selbst zu dogmatisieren in Gefahr steht (vgl. Pascal: Pensées, Br. 582).

Ein Vergleich der ganz frühen Texte Karl Rahners und seiner letzten Veröffentlichungen zeigt freilich, daß zwar nicht die Eindring-

lichkeit des Redens, wohl aber die Bildhaftig-
keit und das Pathos geringer zu werden scheinen. Eine gewisse Selbstverständlichkeit reli-
giöser Rede, wie sie noch in „Unser Osterglaube" zu spüren ist, fehlt in späteren
Arbeiten. Es ist aber festzuhalten, daß man
heute gerade auch diese früheren Texte wieder offener lesen kann, nachdem sich seither
ein Umbruch in der religiösen Sprache weithin
vollzogen hat: der meditative Nachvollzug
wird erkennen, was auch eine ausführlichere
theologische Interpretation zu zeigen ver-
möchte, nämlich daß es hier um eine besonders dichte Verknüpfung zentraler Themen
des christlichen Glaubens geht.

Karl Rahner hat das Dilemma der religiösen
und theologischen Rede angesichts der Frage
nach Tod, Auferstehung Jesu und unserer Auferstehung in seinen letzten Monaten mehrfach
angesprochen. Hingewiesen sei auf das Gebet
„Auferstehung der Toten" in seinem Sammel-
band „Gebete des Lebens" (1984, S. 195–197),
insbesondere aber auf den Schluß seines letzten großen öffentlichen Vortrags bei der Feier
seines 80. Geburtstages durch die Katholi-
sche Akademie der Erzdiözese Freiburg i. Br.
Im Zusammenhang der Frage „Was ist Auferstehung?" dürfen diese Ausführungen nicht
fehlen, die so deutlich und – wegen der exi-

stentiellen Situation, in der sie gesprochen wurden – besonders eindrucksvoll sowohl die Schwierigkeit unseres Redens wie die Hoffnung des Glaubens bezeugen:

„Aber ich will... noch von einer Erfahrung etwas zu sagen versuchen, von einer Erfahrung, die quer zu allem bisher Berichteten liegt und darum mit diesen nicht mitgezählt werden kann, von der Erfahrung der Erwartung des ‚Kommenden'. Wenn wir als Christen das Ewige Leben bekennen, das uns zuteil werden soll, ist diese Erwartung des Kommenden zunächst keine besonders seltsame Sache. Gewöhnlich spricht man ja mit einem gewissen salbungsvollen Pathos über die Hoffnung des Ewigen Lebens und fern sei mir, so etwas zu tadeln, wenn es ehrlich gemeint ist. Aber mich selber überkommt es seltsam, wenn ich so reden höre. Mir will scheinen, daß die Vorstellungsschemen, mit denen man sich das Ewige Leben zu verdeutlichen sucht, meist wenig zur radikalen Zäsur passen, die doch mit dem Tod gegeben ist. Man denkt sich das Ewige Leben, das man schon seltsam als „jenseitig" und „nach" dem Tod weitergehend bezeichnet, zu sehr ausstaffiert mit Wirklichkeiten, die uns hier vertraut sind als Weiterleben, als Begegnung mit denen, die uns hier nahe waren, als Freude und Friede, als Gastmahl und Jubel und

all das und ähnliches als nie aufhörend und
weitergehend. Ich fürchte, die radikale Unbegreiflichkeit dessen, was mit Ewigem Leben
wirklich gemeint ist, wird verharmlost und was
wir unmittelbare Gottesschau in diesem Ewigen Leben nennen, wird herabgestuft zu einer
erfreulichen Beschäftigung neben anderen, die
dieses Leben erfüllen; die unsagbare Unge-
heuerlichkeit, daß die absolute Gottheit selber
nackt und bloß in unsere enge Kreatürlichkeit
hineinstürzt, wird nicht echt wahrgenommen.
Ich gestehe, daß es mir eine quälende, nicht be-
wältigte Aufgabe des Theologen von heute zu
sein scheint, ein besseres Vorstellungsmodell
für dieses Ewige Leben zu entdecken, das diese
genannten Verharmlosungen von vornherein
ausschließt. Aber wie? Aber wie? Wenn die En-
gel des Todes all den nichtigen Müll, den wir
unsere Geschichte nennen, aus den Räumen
unseres Geistes hinausgeschafft haben (obwohl natürlich die wahre Essenz der getanen
Freiheit bleiben wird), wenn alle Sterne unserer
Ideale, mit denen wir selber aus eigener Anma-
ßung den Himmel unserer Existenz drapiert
hatten, verglüht und erloschen sind, wenn der
Tod eine ungeheuerlich schweigende Leere er-
richtet hat, und wir diese glaubend und hof-
fend als unser wahres Wesen schweigend
angenommen haben, wenn dann unser bisheri-

ges, noch so langes Leben nur als eine einzige kurze Explosion unserer Freiheit erscheint, die uns wie in Zeitlupe gedehnt vorkam, eine Explosion, in der sich Frage in Antwort, Möglichkeit in Wirklichkeit, Zeit in Ewigkeit, angebotene in getane Freiheit umsetzte, und wenn sich dann in einem ungeheuren Schrecken eines unsagbaren Jubels zeigt, daß diese ungeheure schweigende Leere, die wir als Tod empfinden, in Wahrheit erfüllt ist von dem Urgeheimnis, das wir Gott nennen, von seinem reinen Licht und seiner alles nehmenden und alles schenkenden Liebe, und wenn uns dann auch noch aus diesem weiselosen Geheimnis doch das Antlitz Jesu, des Gebenedeiten, erscheint und uns anblickt, und diese Konkretheit die *göttliche Überbietung* all unserer wahren Annahme der Unbegreiflichkeit des weiselosen Gottes ist, dann, dann so ungefähr möchte ich nicht eigentlich beschreiben, was kommt, aber doch stammelnd andeuten, wie einer vorläufig das Kommende erwarten kann, indem er den Untergang des Todes selber schon als Aufgang dessen erfährt, was kommt."[1]

Albert Raffelt

[1] K. Rahner: Erfahrungen eines katholischen Theologen. In: Vor dem Geheimnis Gottes den Menschen verstehen. Hrsg. v. K. Lehmann. München 1984, S. 105–119, hier 118 f.

Quellenverzeichnis

1. Das Ärgernis des Todes: Tod und Auferstehung. Christophorus-Schallplatte CGLX 75 903. Freiburg i. Br., 1966; Abdruck in K. Rahner: Schriften zur Theologie VII. Einsiedeln: Benziger, 1966, S. 141–149.

2. Verborgener Sieg: Auf der gleichen Schallplatte veröffentlicht, Abdruck a. a. O. S. 150–156.

3. Anfang der Herrlichkeit: Der Volksbote 56. Jg., Nr. 14 (1. 4. 1965) S. 1; wiederabgedruckt in K. Rahner: Glaube, der die Erde liebt. Freiburg i. Br.: Herder, 1966. S. 59–62.

4. Unser Osterglaube: Klerusblatt (München) 27. Jg., Nr. 7 (1. 4. 1947) S. 52.

5. Der Tod als Vollendung: Die Furche vom 2. 4. 1980, Nr. 14 (Wien) S. 1.